KULTURLANDSCHAFT
HACHENBURGER WESTERWALD

Weites Land & Tiefes Tal

HACHENBURG
WESTERWÄLDER SEENPLATTE
KLOSTER MARIENSTATT
KROPPACHER SCHWEIZ

TEXTBEITRÄGE VON INGA SCHULZ
HERAUSGEBER REINHARD ZADO, NIEDERHOFEN
ERSCHIENEN BEI
EDITION BLATTWELT, NIEDERHOFEN
2008

BLATT WELT

Eine Landschaft im Westerwald, im Rheinischen Schiefergebirge, unweit von Koblenz und der Kulturlandschaft des Rheintales: Der Hachenburger Westerwald – wir erleben eine Region, abwechslungsreich, mit vielen eigenen Zügen. Eine Gegend mit weitläufigen Hügeln, zwischen denen sich große Seen verstecken, wird abgelöst von der weiten Landschaft mit dem Namen Kroppacher Schweiz, mit engen tiefen Tälern, durch die sich die Nister mit ihren Nebenflüssen schlängelt. Paradiese für Wanderer und Naturfreunde.

In zahlreichen Orten finden wir noch Zeugen aus dem Leben der früheren Bewohner und ihrer Geschichte. Noch viele alte Fachwerkhäuser und Höfe sind erhalten. Unverbraucht nicht zuletzt die Landschaft, die ihren Charakter behalten hat.

Ihr wirtschaftlicher und kultureller Mittelpunkt, von weitem sichtbar, ist die alte Residenzstadt Hachenburg. Hier schlägt das Herz der Region. Eine Stadt mit dem Flair und dem Charme, der in den malerischen Gassen und dem belebten Marktplatz, mit den Fachwerkfassaden, eine Stimmung südlicher Orte aufkommen lässt. Hier ist ein wichtiges Kapital erhalten geblieben, das der Region ihr eigenes Gesicht verleiht.

Im vorliegenden Buch werden sowohl Ortschaften als auch eine abwechslungsreiche Naturlandschaft beschrieben, Wanderungen durch eine Region mit eigener Vielfalt, in der es Spuren der Vergangenheit zu erspähen gilt. Es bedarf nur kleiner Hinweise und Empfehlungen, um auf Entdeckungsreise zu gehen.

Hier wurden nun für Sie eine Reihe von Touren ausgekundschaftet, zu deren Gelingen Orts- und Sachkundige mit ihrem Wissen beigetragen haben. Über viele Details könnte man noch berichten, über Dinge, die dem Land Ausdruckskraft verleihen. Gehen Sie auf Entdeckungsreise, spazieren Sie über die Wege und finden die Seele einer Region.

Peter Klöckner
Bürgermeister
Verbandsgemeinde Hachenburg

HACHENBURGER
WESTERWALD
WISSEN
Marienthal
B256
SteinWingert
Idelberg
Ehrlich
Limbach
ALTEN-
KIRCHEN
Astert
Kroppach
Müschen-
bach
Kloster
Marienstatt
B414
Gr. Nister
Nister
Wied
B8
HACHENBURG
B413
Alpenrod
Höchstenbach
Nistertal
Steinebach
Dreifelder
Weiher
B8
Dreifelder
Weiher
Seeburg
Dreifelden
Haiden-
weiher
B255
Herschbach
Hartenfels
Brinkenweiher
Wölferlinger
Weiher
Postweiher
B413
Wölferlingen
Hausweiher
Freilingen
B255

HACHENBURG

Der Saynsche Löwe als Brunnenfigur auf dem Marktplatz

HECKENUMSTANDEN – DIE GRAFENRESIDENZ HACHENBURG

Postkarte um 1910

Hoch droben auf einem Basaltkegel thronend empfängt die Besucher schon von weitem das stattliche Schloss der Stadt Hachenburg. Es befindet sich auf dem höchsten Punkt, die Stadt breitet sich zu seinen Füßen aus. Die besondere Lage des Schlossberges ermöglicht einen weiten Blick über die Höhen des Westerwaldes und des Siegerlandes bis hin ins Siebengebirge. Dies und die Tatsache, dass in unmittelbarer Nähe die bedeutende Köln-Leipziger Handelsstraße entlang führte, veranlasste die Grafen Heinrich II. und Eberhard II. von Sayn um 1180 an dieser Stelle eine Burg zu errichten. In unmittelbarer Nähe der Burg wurde wohl schon im 13. Jahrhundert eine Kapelle erbaut, die als Katharinenkirche 1372 in der schriftlichen Überlieferung auftaucht.

Die Burg erhielt den Namen des Bergkegels „Hagen", was „dichtes Gestrüpp" oder „Hecke" bedeutet. Damit soll der Berg zu jener Zeit bewachsen gewesen sein. Der „Hagenberg" wurde in einer Urkunde aus dem Jahr 1470 erstmals Hachenburg genannt. Seine Stadtrechte erhielt der Ort jedoch bereits über ein Jahrhundert früher. Kaiser Ludwig der Bayer, verlieh Hachenburg seine Stadtrechte bereits im Jahr 1314.

Postkarte 50er Jahre

Die Schlossmauer in nordöstlicher Richtung, Postkarte um 1910

Außer den Hecken schützte ein hoher Mauerring die Burg und die sie umgebenen Häuser. Denn schon schnell nach dem Burgbau zog es selbständige Handwerks- und Kaufleute hierher. Nicht nur der Schutz der Burg machte diese Wohnstätte begehrt, es war auch ihre Nähe zu den Handelswegen, die Gerber, Lederer, Schneider, Wollenweber und Bäcker dazu brachten, sich hier anzusiedeln. Nicht zuletzt wurden die Bewohner von den Grafen gefördert, denn sie waren von den Abgaben befreit. So boten Burg und Stadtmauer nicht nur Sicherheit, sondern auch finanzielle Anreize.

Das Unter- und das Obertor waren – neben zwei Nottoren für Kriegszeiten, die aber auch von den Bauern als Zugang zu ihren Feldern genutzt wurden – die einzigen Zugänge zur Stadt.

Etwa an dieser Stelle stand einst ein Stadttor, Postkarte um 1910

Wilhelmstraße, Postkarte um 1910

Blick auf Altstadt, im Hintergrund das Hachenburger Schloss, Postkarte um 1930

Im Tal an den Handelsstraßen bot indes eine Raststätte Erholung für die Reisenden und ihre Pferde. Hieraus entwickelte sich der heutige Stadtteil Hachenburgs, der Ort „Altstadt“. Diese Bezeichnung führt noch heute immer wieder zu Verwirrung, denn Altstadt ist nicht gleich die historische Altstadt Hachenburgs. Die erstreckt sich um das Schloss.

Dass der Ort Altstadt ebenfalls historische Bedeutung hat, beweist die dort stehende Pfarrkirche. Die spätromanische Pfeilerbasilika stammt aus dem 12. Jahrhundert und ist heute eines der ältesten Kulturdenkmäler des Westerwaldes. Bereits im Jahr 1131 erwähnt, war sie dem hl. Bartholomäus geweiht. Über lange Jahre war sie auch die einzige Kirche, so dass die Hachenburger zum Kirchgang ins 1,5 Kilometer entfernte Altstadt pilgern mussten. Die Burgkapelle war zu klein und diente überdies der Grafenfamilie zum Gottesdienst. Erst später wurde die Stadtkirche anstelle der Burgkapelle errichtet. So kommt es auch, dass auf dem Kirchhof der Altstädter Pfarrkiche bis zum Jahr 1802 vornehme Hachenburger Bürger wie die Lyrikerin Albertine von Grün beerdigt wurden.

Spätromanische Pfeilerbasilika, Postkarte um 1930

Häuser aus vielen Zeitepochen umsäumen den Marktplatz

Über vier Jahrhunderte waren die mächtigen Burgwälle Zeugen des geschäftigen Treibens der Stadt. Letzter Burgherr war Graf Salentin Ernst von Manderscheid-Blankenheim. Er bekam im Jahr 1651 durch die Eheschließung mit der Gräfin Ernestine von Sayn-Wittgenstein die Grafschaft Sayn-Hachenburg zugesprochen. Ihm ist es auch zu verdanken, dass nach dem verheerenden Stadtbrand am 13. Oktober 1654 die Stadt in ihrer heutigen Form wieder aufgebaut wurde.

Doch statt einer Burg ließ der Graf ein Barockschloss errichten, das in den Jahren 1716 bis 1746 durch den Architekten Julius Ludwig Rothweil vollendet wurde. Seine Initialen finden sich noch heute an dem schmiedeeisernen Tor, das den Zugang zum Schloss ermöglicht. Zu den weiteren bedeutenden Gebäuden, die der Graf

Eingang zum Schloss

Blick durch den Übergang vom Schloss zur Ev. Kirche hinunter auf den Markt

errichten ließ, gehörte auch ein Hospital, gegen das sich die Bürger zunächst wehrten. An der Stelle der Burgkapelle ließ er die bereits erwähnte protestantische Schlosskirche errichten. Über einen Torbogen ist sie noch heute mit dem Schloss verbunden. Ein sich darin befindender Gang ermöglichte es den Schlossbewohnern auf direktem und bequemem Wege zum Gottesdienst zu gelangen.

Gasse an der Ev. Kirche

Nach der Reformation war die ganze Grafschaft evangelisch geworden. Das gefiel dem Erzbischof überhaupt nicht. Um die Bürger zu rekatholisieren wurden also Franziskanermönche nach Hachenburg entsandt. Zu Zeiten des Grafen Ernst Salentin erwarben sie zwei Häuser am Alten Markt und bauten diese als Kirche und Wohngebäude eines Klosters um. Auf deren Grundmauern errichteten sie dann in den Jahren 1734 bis 1736 die heutige Kirche Maria Himmelfahrt. Den prächtigen Barockaltar stiftete der Kardinalerzbischof von Prag, Graf Johann Moritz von Manderscheid-Blankenheim, ein Sohn aus zweiter Ehe des Grafen Salentin Ernst.

Der Hauptaltar in der Kath. Kirche

Kanzel in der Kath. Kirche

Daran erinnert das Wappen und der rote Kardinalshut über dem Hauptaltar.

Während zu Napoleons Zeiten eine Volksschule in der Kirche untergebracht war, wurde das Gebäude in den Jahren 1907 bis 1908 wieder als Gotteshaus genutzt und wesentlich erweitert. Aus dieser Zeit stammt auch der Kirchturm, der samt Kirche heute ein Teil des mit prachtvoll restaurierten Fachwerkhäusern eingerahmten Marktplatzes ist. Den Wochenmarkt findet man auf dem Neuen Markt, ganz in der Nähe.

Am Markt die Kath. Kirche und daneben das alte Gasthaus mit dem Renaissancegiebel, Zur Krone

Direkt neben der Kirche findet man übrigens auch das „Steinerne Haus", das „Gasthaus zur Krone" – zu erkennen an dem Mohrenkopf, der hoch oben auf dem Giebel thront. Der von Graf Gerhard II. von Sayn 1461 erworbene stattliche Renaissancebau diente als Verwaltungsgebäude und Gästehaus. Der Mohrenkopf wurde als Talisman angesehen und stand für Gastlichkeit. Doch nicht nur positive Dinge beherrschen die Geschichte des altehrwürdigen Gebäudes. Denn im Erkerzimmer des ersten Stocks hatte das Femegericht (Feme: mittelhochdeutsch für Strafe) seinen Sitz. So wurden an dieser Stelle auch Todesurteile gefällt. Und vollstreckt wurden sie direkt davor auf dem Marktplatz.

Blick vom Schloss zur Kath. Kirche

Der Brunnen am Markt ist wie schon in alter Zeit der Mittelpunkt der Stadt

Das historische Hachenburg im Rundgang

Statt eines Galgens wachen heute die Augen des auf dem 200 Jahre alten Marktbrunnen thronenden zweischwänzigen Löwen über das bunte Treiben auf dem Marktplatz. Der doppelte Schweif des goldenen Löwen symbolisiert die Verbindung des Hauses Sayn mit dem Hause Wittgenstein und ist Teil des gräflichen Wappens, das gleichzeitig als Stadtwappen dient. Am Marktbrunnen, der mit Zunftzeichen im Pflaster umgeben ist, starten die historischen Stadtführungen, bei denen man den alten Stadtkern Hachenburgs am besten kennen lernt.

Zunächst macht der Stadtführer auf die prachtvollen hohen und eng beieinander stehenden Patrizierhäuser am Markt aufmerksam. An dieser platzsparenden Bauweise zeigt sich, dass man zu früheren Zeiten bestrebt war, den begrenzten Platz optimal zu nutzen. Während in alter Zeit die Dächer der Fachwerkhäuser mit Stroh gedeckt waren, haben sie heute alle ganz normale Dachziegel. Denn wie sich zeigte, waren Strohdächer ein gutes Futter für die vielen Stadtbrände. Der letzte große Stadtbrand im 17. Jahrhundert ist Schuld daran, dass heute kein Haus am Marktplatz älteren Datums ist.

Direkt gegenüber der Kirche fällt den Besuchern besonders das schmale hohe Fachwerkhaus des Uhrmachermeisters ins Auge. Eine freischwingende Fenster-Pendeluhr ziert das Gebäude. Sie ist eine Erfindung des einst in diesem Hause lebenden Uhrmachers und einzigartig auf der ganzen Welt.

Zwischen dem Gasthaus „Zur Krone" und der Kirche unterbricht ein „Ählchen" (kleines Gässchen) die Bebauung. Auffallend ist an dieser Stelle die Uhr des Kirchturms. Sie ist ein Geschenk des letzten in Hachenburg lebenden Grafen: Alexander von Hachenburg, er starb im Jahr 1940 und ist in der Abteikirche im Kloster Marienstatt begraben. Ihm hat die Stadt auch den goldenen Löwen auf dem Marktbrunnen zu verdanken.

Bevor man den Marktplatz verlässt, sollte man nicht versäumen, sich das prächtige Innenleben der Barockkirche anzusehen. Man beachte dabei auch den Mönch in der braunen Kutte, der über dem Kircheingang wacht – es ist der Heilige Franz von Assisi.

Nach der Kirchenbesichtigung geht es steil bergan zum oberen Ende des Marktplatzes. Dort stehen Schloss und Schlosskirche. Während das Schloss die Fachhochschule der Deutschen Bundesbank beherbergt und somit nicht besichtigt werden kann, erwartet die evangelische Schlosskirche, die auf den Grundmauern der einstigen Burgkapelle Sankt Katharina steht, die Besucher. Von den Stufen des Kirchenportals aus eröffnet sich im Schutz einer alten Linde ein bezauberndes Panorama auf den geschlossenen historischen Stadtkern. An die Heilige Katharina, der die Kirche gewidmet ist, erinnert jedes Jahr am ersten November-Wochende der Katharinenmarkt. Er ist als gastronomischer Höhepunkt weit über die Stadtgrenzen hinaus bekannt.

Durch den Torbogen geht es noch ein Stück bergan zum Eingang des Schlosses, von wo man einen weiteren schönen Blick auf die Stadt hat. In unmittelbarer Sichtweite er-streckt sich hinter dem Schloss der wildromantische Burggarten. Einst dem Adel vorbehalten, dient er heute nicht nur als Park, sondern auch als beliebter Ort für verschiedene kulturelle Veranstaltungen. Mächtige Bäume umspielen die verträumten Wege, und Kunstwerke regen die Phantasie an. Eine Minigolfanlage und Kinderspielplätze sorgen für entspannende und vergnügliche Stunden.

DIE SCHÖNSTE GASSE HACHENBURGS

Zurück Richtung Stadt gelangt man über den Higham-Ferrers-Platz, der unmittelbar neben dem Schloss liegt. Sein Namen verweist auf die gleichnamige englische Partnerstadt. Eine typische rote englische Telefonzelle ist ein Geschenk der Partnerkommune. Rechts und links des Platzes erinnern Denkmäler an die Deutschen Kaiser Friedrich III. und Wilhelm I.

Geht man von hier aus nun Richtung Stadt, gelangt man in die „Owergass“ genannte Friedrichstraße. Auf dieser schönsten Gasse der Stadt schwelgt man förmlich in längst vergangenen Zeiten. Ein historisches Haus reiht sich ans nächste. Viele Künstler haben sich hier niedergelassen. Und man stößt auch auf das älteste Fachwerkhaus der Stadt. Bevor sich die Gasse zu einem kleinen

Platz erweitert, findet man auf der linken Seite ein etwas windschiefes Haus, neben dem ein „Ählchen“ bergab führt. Auf seinen schwarzen Balken ist die Jahreszahl 1610 zu lesen.

12

10

Das Beust´sche Haus zeigt an der Vorderseite eine Barockfassade, rückseitig findet man noch das alte Fachwerk

Folgt man der Friedrichstraße weiter geradeaus, trifft man unweigerlich auf das nächste historische Schätzchen. Das Beust´sche Haus stammt aus dem Jahr 1766. Hier wohnte einst die deutsche Dichterin Albertine von Grün, die eine große Bewunderin Goethes war und mit diesem in Briefkontakt stand. Während die Vorderseite des Hauses aus einer Barockfassade besteht, findet man hinten noch das alte Fachwerk. Diese Kombination ist wahrscheinlich auch auf den erfolgten Wiederaufbau nach dem großen Stadtbrand zurückzuführen. Im Gewölbekeller des historischen Hauses findet sich noch ein alter Hebebrunnen, den man allerdings nicht besichtigen kann.

Schmucke Fachwerkfassaden und viele historische Details findet man in den Gassen der Stadt

Geht man weiter bergab, läuft man auf zwei weitere historische Gebäude zu. Während sich rechter Hand das Historische Rathaus befindet, steht man geradeaus direkt vor der Bibliothek. Im alten Rathaus findet man das Tourismusbüro, das Stadtarchiv und ein Trauzimmer. Und neben der Bibliothek öffnet sich nach links ein herrlicher Blick auf einen mit einer alten Bruchsteinmauer umgebenen Garten. Dies ist der liebevoll von der Stadt gepflegte Lesegarten. Hier finden neben Lesungen auch andere kulturelle Veranstaltungen statt. Aber auch Hochzeitsgäste nutzen diesen zauberhaften Ort gerne für ihre Feiern.

Vom Lesegarten blickt man auf das historische Rathaus

An dieser Stelle enden nun die historischen Stadtführungen. Das sollte einen jedoch nicht davon abhalten, sich auf eine eigenständige Entdeckungstour durch Hachenburg zu begeben. Denn die Stadt hat noch einiges mehr zu bieten. So trifft man beispielsweise auf die Judengasse, wenn man der Gasse (Mittelstraße) weiter bergab folgt. Hier wurde Alfons Adolph geboren. Der Erfinder des Lichtdruckverfahrens und damit der klassischen Ansichtskarte ist ein berühmter Sohn der Stadt. Parallel zur Judengasse verläuft die Ökonomiegasse. Hier befanden sich – wegen der Brandgefahr am Rande der Stadtmauer – zu früheren Zeiten die Scheunen und Stallungen.

Blick in den Lesegarten

Noch sehr ursprünglich ist die Judengasse

Einen Rest der Stadtmauer entdeckt man, wenn man weitergeht in die Schwanenpassage. Hier ist die Außenwand des Gasthauses „Zum Schwanen“ Teil der Stadtmauer. Und hier stand auch einst das Untertor. Geht man weiter Richtung Wilhelmstraße, gelangt man nicht nur in eine schöne Einkaufsstraße, sondern findet auch das Haus Nr. 14. Hier wurde ein weiterer prominenter Sohn der Stadt geboren: der Begründer und Inhaber der berühmten Lederfabrik in Weinheim (Vileda).

Wer sich nach dieser interessanten Hachenburg-Rundtour nun stärken möchte, auf den warten sowohl in der Wilhelmstraße als auch auf dem Marktplatz, zu dem die Wilhelmstraße wieder zurück führt, zahlreiche schöne Cafés und Restaurants. Mit Blick auf das historische Stadtbild kann man es sich gut gehen und den Tag gemütlich ausklingen lassen. Und immer wieder begegnet man einem typischen Westerwälder Spruch: „Hui Wäller“. Das bedeutet soviel wie „Bist du Westerwälder?“. Die korrekte Antwort darauf lautet: „Allemol!“

Die Wilhelmstraße ist ein belebter Bereich mit Geschäften und Cafés

BAP, Wolfgang Niedecken in Hachenburg

HACHENBURGER KULTUR

Die Hachenburger Kultur ist so facettenreich wie das Leben in der Stadt. Sie schöpft aus Traditionen, schafft Neues und setzt sich mit der Gegenwart auseinander – mal humorvoll, mal kritisch, doch immer bereichernd. Neben zahlreichen privaten Initiativen, wie dem Kulturkreis Hachenburg und dem Marienstatter Musikkreis, verdankt die Stadt der Einrichtung „Hachenburger KulturZeit" ihren Ruf als Kulturhochburg der Region.

Das Team der „Hachenburger KulturZeit" stellt halbjährlich ein Kulturprogramm zusammen, das sich qualitativ mit dem von Großstädten messen kann. Stars und Sternchen, Aufsteiger und Legenden, Kleinkunst und Klassik sind die Themen. Die Mischung von Humorvollem und Spannendem, leichter und schwerer Kost spricht jede Generation an. So findet jeder in jeder Spielzeit etwas Passendes. Der Veranstaltungskalender der „Hachenburger KulturZeit" enthält Auftritte von Superstars wie Eric Burdon,

Venusbrass, 2008 in „Hachenburg spielt verrückt"

Der Kabarettist Dieter Nuhr

Barclay James Harvest, Jacques Loussier und BAP sowie TV-Stars wie Dieter Nuhr, Georg Schramm, Jochen Busse, Georg Uecker und Konrad Beikircher.

Zu den festen Reihen im Kulturprogramm zählt auch der jährliche Kult-Klassiker „Treffpunkt Alter Markt“. Diese Open-Air-Konzertreihe bietet bei freiem Eintritt von Anfang Juni bis Anfang August jeden Donnerstag außergewöhnliche Live-Musik von Pop über Jazz, Blues, Rock, Weltmusik, Swing und Soul.

Alle zwei Jahre, den geraden Jahren, findet das Figurentheaterfestival statt. Shakespeare an dünnen Fäden und Revuen vor schwarzem Samt begeistern große wie kleine Besucher. Packende, lustige und auch mal schaurige Märchen und Geschichten gewinnen schnell die Herzen. Daneben bringt die weit über die Grenzen des Westerwaldes bekannte Kunstwoche „Kunst vor der Haustür“ in Straßenateliers und Gesprächen mit den Künstlern die Gäste in Kontakt mit Bildender Kunst.

Weitere kulturelle Höhepunkte sind die romantischen Chorabende, das Harmonikatreffen und erstklassige Konzerte.

„Hachenburg spielt verrückt" ist eine neue Veranstaltung, die am 8. Juni 2008 die kleine Stadt erneut mit Besuchern füllte, Kurioses und Unglaubwürdiges, oder auch nicht! Sie findet 2010 wieder statt.

Kultur vereint alle geistigen und materiellen Werte. Neue Veranstaltungen und neue Projekte, die die KulturZeit immer wieder ins Leben ruft, geben uns einen Geschmack davon.

Und nicht zuletzt ist Kultur Leben!

Waschkraft, 2008 in Hachenburg

EIN ABSTECHER INS LANDSCHAFTSMUSEUM

Der östliche Teil des Burggarten beherbergt das Landschaftsmuseum Westerwald. In dem Museumsdorf erzählen acht liebevoll renovierte typische Westerwälder Fachwerkhäuser vom schweren Alltag und den Traditionen der einfacheren Bevölkerung. Leben und Arbeiten unter einem Dach, wie es im Westerwald bis um 1960 noch üblich war, sind hier anschaulich dargestellt.

Eine Scheune, ein Backhaus und eine Ölmühle führen die bäuerliche Eigenversorgung vor Augen. In der Dorfschule wiederum wurden alle Schüler gemeinsam in einem Raum unterrichtet.

Ausstellungen verdeutlichen, wie Tischler, Töpfer, Schmiede und andere Handwerker ihre Gerätschaften erzeugten. Küchen- und Heilkräuter, Blumen, Garten- und Feldfrüchte werden auf Gartenflächen angebaut.

Dazwischen erzählen Grenzsteine, Wegekreuze oder Grabsteine vom Leben zu früheren Zeiten – von der Geburt bis zum Tod.

Bei den regelmäßig stattfindenden Museumsfesten können kleine und große Besucher durch Ausprobieren, Sehen und Fühlen hautnah miterleben, wie die Westerwälder Menschen früher ihr mühevolles Tagewerk bewältigten. Tiere, knatternde Landmaschinen und Handwerkervorführungen veranschaulichen den Alltag, aber auch das Festleben im Westerwald.

Um den Platz am Brunnen stehen
die alten Westerwaldhäuser, und erzählen von längst vergangener Zeit

Westerwälder Seenplatte – Natur und Kultur pur

Die Westerwälder Seenplatte breitet sich als Hochfläche zwischen den Bergköpfen des Hachenburger und des Höchstenbacher Waldes im Norden und dem Saynbachtal im Süden aus. Die Seenplatte befindet sich im Süden des Hachenburger Westerwaldes und gehört zum Einzugsgebiet des Rheins. Hier treffen die Wasserscheiden seiner Nebenflüsse Sieg, Wied, Saynbach und Lahn zusammen.

Blick über den Schmanddippe und Hartenfels bis zum Siebengebirge

Viele uralte Verbindungsstraßen durchqueren das Weihergebiet. So führte eine alte Heerstraße von Köln nach Altenkirchen und mündete dort in die Leipziger Straße nach Osten und in die Frankfurter Straße nach Süden. Letztere alte Handelsfernverbindung wurde auch „Hohe Straße“ genannt und entspricht dem Verlauf der heutigen B8. Über diese Straße wickelten rheinische und flandrische Kaufleute ihre Warentransporte ab. Schwedische Truppen marschierten hier im 30-jährigen Krieg und im 18. Jahrhundert französische Revolutionsheere.

Die Grafen von Wied waren lange Zeit die Herrscher über dieses Gebiet. Der Gründer der Stadt Neuwied, Graf Friedrich von Wied, gab der Seenplatte ihre jetzige Gestalt.

Am Dreifelder Weiher

Am Brinkenweiher

FISCHE ALS DES GRÄBERS LOHN

Der Volksmund berichtet, dass schon im 12. Jahrhundert im Bereich der heutigen Westerwälder Seenplatte Fischzucht betrieben wurde. Mönche hätten von Hand die ersten Großteiche gegraben.

Doch es gibt Hinweise dafür, dass vor der Anlage der Seenplatte bereits kleinere Weiher im feuchten Wiesengelände um Dreifelden existierten.

Nach dem Wölferlinger Weiher, der um 1621 auf saynischem Territorium vom Graf Wilhelm von Sayn-Wittgenstein-Sayn angelegt wurde, begann Graf Friedrich zu Wied ab 1655 mit der Anlage weiterer sechs Weiher mit dem Dreifelder Weiher.

Sein Ziel war der Aufbau einer einträglichen Fischzucht auf den durch ihre Feuchtigkeit ertragsschwachen Wiesenflächen.

So entstanden die sieben großen Stauweiher, die heute die Westerwälder Seenplatte – auch Dreifelder Weiherland oder Nassauische Seenplatte genannt – bilden. Daneben gibt es noch zahlreiche kleinere Fischteiche.

Möglich wurde die Anlage der Teiche durch die besondere Bodenbeschaffenheit in diesem Bereich. Mit Basalt überzogener Emsquarzit und entkalkter brauner Lehm dichten die Oberfläche soweit ab, dass ein Einsickern des Wassers verhindert wird.

Winter am Dreifelder Weiher

TIEFE SEEN – HOCH GELEGEN

Die durch mehrere Bergköpfe umsäumte Hochfläche, auf der sich die Seenplatte befindet, liegt 400 bis 420 Meter über dem Meeresspiegel. Die weite wellige Landschaft gibt den Blick frei auf spiegelnde Wasserflächen, umsäumt von bis ans Ufer ragenden Wäldern, Busch- und Schilflandschaften oder grünen Wiesen. Die Größe der Seen reicht von 9,6 Hektar (Hausweiher) bis hin zu 123 Hektar (Dreifelder Weiher).

Zur Gruppe der Dreifelder Weiher, die zur Entwässerung miteinander in Verbindung stehen, gehören neben dem auch Seeweiher genannten Dreifelder Weiher, der Haidenweiher und der Hofmannsweiher. Der Dreifelder Weiher erstreckt sich über eine Länge von zwei Kilometern und ist bis zu 800 Meter breit. Er liegt in offenem Wiesengelände und ist teilweise von hochwüchsigem Schilf umgeben. Das Nordufer ist bewaldet und an der Nordwestseite befindet sich eine Badelandschaft. Das Südufer hingegen steht unter Naturschutz. Gespeist und durchflossen wird der Dreifelder Weiher von der Wied, dem bedeutendsten Fluss des Westerwaldes. Ihre Quelle befindet sich etwa zwei Kilometer nordöstlich der Ortschaft Linden.

Nordöstlich und etwas abseits liegt der Wölferlinger Weiher, der zum Teil verlandet ist. Er birgt jedoch die Quelle des Saynbaches. Zur Freilinger Weihergruppe gehört der ebenfalls unter Naturschutz stehende Brinkenweiher, der von einem breiten Röhrichtgürtel und Wald umgeben ist. Von Norden und Westen ragen hier zwei Halbinseln hinein und untergliedern den See auf malerische Weise.

Nur durch einen schmalen Steg an seinem Südufer getrennt, stößt man auf den Postweiher, der wiederum nur durch die Straße vom Hausweiher getrennt ist. Aus diesem tritt der Holzbach aus.

Am Brinkenweiher

Am Dreifelder Weiher

SCHLITTSCHUHLAUFEN IM WINTER – BADEN IM SOMMER

Wenn sich nach dem Abfischen die trockengelegten Weiher langsam wieder durch Zuflüsse und das Niederschlagswasser füllen, werden die Seen bei frostigem Wetter zum attraktiven Anziehungspunkt für Schlittschuhläufer. Hier ziehen Jung und Alt auf wenig gefährlichem, da flachem Gewässer gerne ihre Bahnen.

Auch von Frühling bis Herbst bietet die Westerwälder Seenplatte eine reiche Palette an Freizeitmöglichkeiten. Sommerfrische genießen die Gäste in der Badelandschaft am Dreifelder Weiher. Hier gibt es Aktivitäten für alle Wasserratten. Außer den reinen Badefreuden gibt es jede Menge Wassersportmöglichkeiten. Man kann den See mit dem Ruder- oder Tretboot erkunden und so einmal einen anderen Blickwinkel erhaschen. Wer etwas mehr Aktion mag, kann hier auch surfen.

Angler nutzen die frühen Morgen- und späten Abendstunden für ihr stilles Hobby. Wer lieber Golfen möchte, ist beim Golfclub Westerwald in Dreifelden bestens bedient. Hier wartet eine 18-Loch-Anlage in dem leicht hügeligen und abwechslungsreich gestalteten Gelände auf die Sportler.

Zweirad-Fans haben ebenfalls ausgedehnte Erkundungsmöglichkeiten auch entlang der zahlreichen Wanderrouten. Da es keine allzu starken Steigungen gibt, finden auch weniger geübte Radler hier ein angenehmes Betätigungsfeld. Und wer lieber die Wanderschuhe schnürt, dem bietet diese einzigartige Kulturlandschaft ein reichhaltiges Angebot. Mehrere Wanderwege führen durch das Gebiet der Seenplatte. Dazu gehört auch der Europäische Fernwanderweg 1.

Winter am Dreifelder Weiher

Auf dem Sieben-Weiher-Weg kann man auf einer Wandertour alle Gewässer in einem begehen. Er hat eine Gesamtlänge von 36 Kilometern.

Wem das zu lang ist, der kann auch einzelne Abschnitte mit Längen von elf bis 18 Kilometern erwandern. Dabei kann man gleichzeitig die Aussichtstürme Helleberg bei Freilingen und Gräbersberg bei Alpenrod besteigen.

Nicht zuletzt finden auch Campingfreunde an der Westerwälder Seenplatte gute Anlagen, selbst unmittelbar am See. Campingplätze gibt es am Dreifelder Weiher, am Hofgut Schönerlen und am Postweiher.

EINZIGARTIGE FAUNA UND FLORA – NATUR PUR

Die Kulturlandschaft der Westerwälder Seenplatte hat überregionale Bedeutung als Naturschutzgebiet. An manchen Weihern reichen Laub- und Fichtenwälder bis unmittelbar an das Ufer, an anderen Erlen- und Weidengebüsche. Oft besteht der Uferbereich auch aus Röhricht und Sumpfwiesen, in denen sich allerlei Kleinstlebewesen tummeln. Nicht zuletzt bieten die zum Teil sehr breiten Schilfgürtel und die Schlamm- und Schlickbände einen nahrungsreichen Rast- und Brutplatz für verschiedene Vogelarten. Hier gilt der Brinkenweiher als wichtigster Rast- und Brutplatz. Aber auch die ausgedehnten Wälder und Umgebung gewähren Vögeln Unterschlupf und Nahrung.

Der Haubentaucher fühlt sich hier wohl, da es ruhige und ungestörte Brutplätze gibt. Als seltene Gäste wurden auch der Rothalstaucher, der Schwarzhaltstaucher und der Zwergtaucher gesichtet. Wo es Fische gibt, findet man immer auch Graureiher. Und natürlich sind auf den Gewässern auch die verschiedensten Entenarten und Schwäne zu beobachten.

Neben zahlreichen Greifvögeln wie Mäusebussard, Sperber, Habicht, Falke und Milan sind auch Rebhühner und Fasane in dieser Gegend zu Hause. Ornithologen freuen sich über verschiedene Schwalbenarten, Möwen, Spechte und Kiebitze. Die ältesten Beobachtungen stammen von Maximilian Prinz zu Wied, der hier gar den Schwarzstorch entdeckte.

Unter natürlichen Bedingungen würde der Westerwald fast geschlossen von einer Walddecke überzogen. Seit der fränkischen Landnahme wurde der Wald jedoch immer mehr gelichtet, so dass nun Forste, Wiesen, Weiden und Äcker das Landschaftsbild beherrschen.

Nach wie vor gibt es aber auch noch einige prächtige Hochwälder. Waren es früher vermutlich hauptsächlich Buchenwälder, sind dies heute viele Fichtenwälder. Der Bodenbewuchs zeigt aber, außer in den reinen Nadelholzbeständen, vielfach noch die Arten des Buchenwaldes.

Naturheilkundige finden hier ein breites Feld an hilfreichen Schätzen aus der Natur. Dazu gehört Kamille, Frauenmantel und Schachtelhalm. Hecken aus Schlehen, Hundsrosen, Hartriegel, Brombeer- und Himbeerbüsche säumen die Wege und Ackerränder. In den Uferzonen der Seen findet man die magenpflegende Kalmuswurzel, Röhrichte und Binsenarten sowie Moose.

Zahlreiche feuchtigkeitsliebende Tierarten bewohnen die sumpfigen Ufer. Der seltene Feuersalamander lässt sich mit ein bisschen Glück ebenso entdecken wie verschiedene Lurch-, Frosch- und Krötenarten.

In eher trockeneren und sonnigen Bereichen trifft man sogar die Zaun- und Bergeidechse sowie ungiftige Schlangenarten wie die Ringelnatter und Schlingnatter. Am Abend kann man auch einige vom Aussterben bedrohte Fledermausarten entdecken.

Wegen dieser einzigartigen Flora und Fauna stehen insbesondere der Haidenweiher, der Hofmannsweiher, der Brinkenweiher und der Wölferlinger Weiher komplett unter Naturschutz. Für das Südufer des Dreifelderweihers besteht ebenfalls Naturschutz. Überdies steht der gesamte Bereich der Seenplatte unter Landschaftsschutz.

Auf den Spuren der Vergangenheit

Der Wölferlinger Weiher ist heute verlandet

Fachwerkidylle direkt an der B 8

FREILINGEN – DES GRAFEN GUT

Ein bekannter Fremdenverkehrsort im Tal des Saynbachs ist Freilingen. Eine abwechslungsreiche Landschaft mit weiten Wäldern umschließt den Ort. Infolge der verkehrsgünstigen Lage an der „Hohen Straße“ (der heutigen B8) gab es hier schon im Jahr 1612 eine Poststation, die später durch den Fürsten von Thurn und Taxis betrieben wurde. Diese „alte Poststraße“ war ein Zubringer, der von Hachenburg über Lochum, Linden, Dreifelden nach Freilingen führte. Der Ort selbst gründet sich auf das Gut Freilingen, das vermutlich Graf Wigger vom Engersgau gehörte. Der schenkte es dem Stift Sankt Kastor in Koblenz.

DER ZWIEBELTURM VON WÖLFERLINGEN

Von Freilingen führt eine Straße und ein Wanderweg zu dem ebenfalls in bewaldeter Landschaft gelegenen Wölferlingen. Auch hier spielte die alte „Hohe Straße" eine Rolle. Graf Salentin von Manderscheid-Sayn versuchte im 17. Jahrhundert wiederholt, den Verkehr über Lochum nach Wölferlingen zu leiten, um eine direkte Anbindung an die Handelsstraße zu erreichen.

Der Ort an sich hatte zu früheren Zeiten keine besondere Bedeutung. Er war eine Isenburger Vogtei. Auffällig ist jedoch die evangelische Pfarrkirche in Wölferlingen. Der Barockbau mit dem hohen Zwiebelturm aus dem 18. Jahrhundert zeigt eindeutig süddeutsche Ausprägung.

Am Ortsrand findet man einen Steinbruch, in dem Trachyt für die Ausbesserung des Kölner Domes und zur Gestaltung der Marienstätter Klosterkirche abgebaut wurde.

Auf dem Weg zum Wölferlinger Weiher steht eine Säule, die das Unterteil eines alten Wegweisers bildete. Drei Hände wiesen nach Langenhahn, Rotenhain und Wölferlingen. Durch den Neubau einer Straße nach Langenhahn verlor dieser Weg entlang des Weihers jedoch seine Bedeutung.

Allee am alten Weiher

Ein typisches Westerwaldhaus in Wölferlingen

Die alte Eiche vor der Kirche lädt zum Verweilen ein

DIE ÄLTESTE KIRCHE IM WESTERWALD

Von Freilingen aus gibt es eine direkte Verbindung nach Dreifelden, dem früheren Hauptort des wiedischen Oberkirchspiels Rückeroth. Der Ort liegt unmittelbar am auch Seeweiher genannten Dreifelder Weiher. Hier in Dreifelden trafen zu früheren Zeit die konkurrierenden Mächte aufeinander, und zwar die Erzstifte Trier und Köln, die Grafschaften Wied und Sayn-Hachenburg. Daran erinnert noch heute der „Dreiherrenstein“ in der Nähe des Dorfes.

Im Mittelpunkt von Dreifelden findet man die älteste Steinkirche des Westerwaldes. Ihre Anfänge reichen bis in das Jahr um 1000 zurück. Aus ihrem Namen, Dreifaltigkeitskirche, leitet sich auch der Ortsname ab. Bis zur Reformationszeit wurde sie als Wallfahrtskirche genutzt, heute ist sie eine evangelische Kirche.

Ihre Lage inmitten des Friedhofes verweist auf ihr hohes Alter. Um 1200 wurde der viergeschossige quadratische Chorturm mit Apsis errichtet und der Kirchensaal zu einem dreischiffigen Langhaus erweitert. Die Gotik nahm im Laufe der Jahrhunderte ebenso Einfluss auf ihr heutiges Aussehen wie der Barock, der sich in der Kirchenausstattung niedergeschlagen hat. Ihre neueste Erweiterung erfolgte in den 1960er Jahren. Die Sakristeitür ist vermutlich das alte Westportal der Kirche.

FISCHEN UND JAGEN BEI HOFE

Auf der Westseite des Dreifelder Weihers liegt der Ortsteil Seeburg. Schon von weitem zieht ein großes gelbes Gebäude die Aufmerksamkeit auf sich. Dies ist das „Haus Seeburg“, einst das Jagdhaus Graf Friedrichs von Wied. Von diesem Gut aus brach er sowohl zur Jagd wie auch zum

Fischfang auf. Aufenthalte auf Seeburg bildeten übrigens auch die Grundlage für die von Prinz Max überlieferten Angaben zur Tierwelt des Gebietes in der ersten Hälfte des 19. Jahrhunderts. Zu besichtigen ist das Gebäude nicht, da es sich in Privatbesitz befindet.

Das Gebäude der Seeburg ist heute in Privatbesitz

Wanderers Rast hieß 1930 Gastwirtschaft und Ausflugsziel von Fritz Moyzych in Seeburg

VERGANGEN, NICHT VERGESSEN

Ein Kilometer nordwestlich des Dreifelder Weihers liegt Steinebach, das der Stammsitz eines untergegangenen gleichnamigen Adelsgeschlechtes war und später an die Grafen von Sayn fiel. Die gaben ihren Anteil im 18. Jahrhundert ab an die Fürsten von Wied-Neuwied.

Scheune in Steinebach

Eine alte Volkssage berichtet aus der Zeit der Kreuzzüge, während der ein Ritter von Steinebach in türkische Gefangenschaft geriet, aber von einer Sultanstochter befreit wurde. Er heiratete sie und bekam Nachwuchs. Mit beiden kehrte er in die Heimat zurück, wo ihn seine vorherige Angetraute erwartete. Sie akzeptierte die Nebenbuhlerin und sie lebten zu dritt in der Burg. Seitdem heißt es, dass deren Holz die Kraft habe, Eifersucht zu verhindern, wenn man es auf sein Herz lege. Die Burgruine findet man noch östlich des Ortes. Von ihr ist nur der Turmstumpf erhalten.

In der Gemarkung Dreifelden soll einer anderen Sage nach die im See versunkene Rohrburg gelegen haben.

Das geistliche Zentrum des Westerwaldes: KLOSTER MARIENSTATT

ABGESCHIEDEN, NICHT ABGESCHNITTEN

Kurvenreich schlängelt sich die Straße von Hachenburg etwa zwei Kilometer Richtung Nordwesten durch ein weitläufiges Waldgebiet hinab ins Tal der Nister. An einer Flussbiegung der Großen Nister, die hier in ein enges Tal eintritt, findet man in klösterlicher Abgeschiedenheit, aber dennoch verkehrsgünstig gelegen, die Klosteranlage Marienstatt. Denn die Erbauer der Klosteranlage achteten auf eine gute Erreichbarkeit. In unmittelbarer Nähe des Klosters führte eine Nebenroute der alten „Leipziger Straße“ in einer Furt durch die Nister. Danach vereinigte sich die Straße wieder mit der Hauptroute, die der heutigen Bundesstraße ähnelt und über die Kämme und Wasserscheiden des Westerwaldes verlief. An einem alten Hohlweg gibt es noch Spuren dieses alten Straßenzuges.

A.

Auf dem der Klosteranlage direkt gegenüberliegenden Felsenkamm findet man mitten im Wald die ausgehauenen Fundamente des Bergfrieds, das Felsenstübchen und den Schutzgraben der nie vollendeten Burg Froneck. Von dieser Burg aus hätte die alte Straße kontrolliert werden sollen. Der Bau der Burg durch Graf Johann von Sayn aber wurde auf Beschwerde des Klosters verhindert. Das Zisterzienserkloster wurde bewusst in der Tallage auf nur 240 Metern Höhe angelegt, um die Wasserkraft zur Energieversorgung zu nutzen.

Als geistliches Zentrum bildete das Kloster mit dem weltlichen, dem Schloss der Grafen von Sayn in Hachenburg, zunächst eine enge Lebensgemeinschaft. In der Reformationszeit wechselten die Grafen jedoch ihre Konfession und waren bestrebt, die Rechte der Abtei einzuschränken.

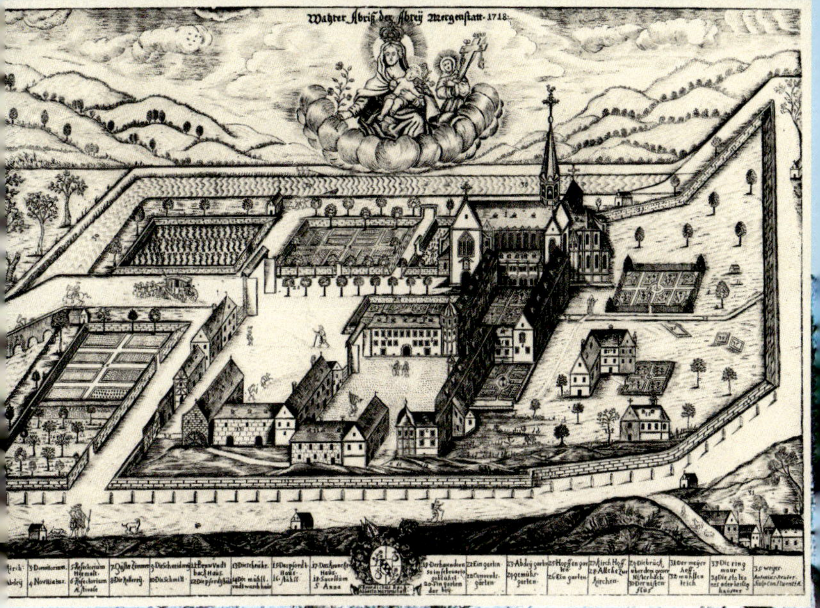
Wahrer Abriß der Abtey Mergenstatt · 1718 ·
3 Dormitorium.
4 Novitiatur.
5 Refectorium Hiemale.
6 Refectorium Æstivale
7 Gäste Zimmer
8 Die Kellerey.
10 Die Schmitt
12 Die pferdtställ
13 Die scheüher.
14 Die mühll. vndt warck haus
15 Das pferdt Haus.
17 Das kranck Haus.
18 Sacellum S. Anna
21 Ein garten
22 Convents garten
23 Abdey garten
24 gemüß garten
25 Hopffen garten
26 Ein garten
27 Kirch Hoff.
28 Allee zur Kirchen.
31 Der meyer hoff.
32 mühllen teich
33 Die ring maur

WENN DER WEISSDORN IM WINTER BLÜHT

Die Abtei Marienstatt ist ein Tochterkloster des 1189 im Siebengebirge errichteten Klosters Heisterbach und steht im direkten Zusammenhang mit verschiedenen Klostergründungen ausgehend vom Kloster Citeaux im Jahr 1098. Ihm folgten das Kloster Himmerod in der Eifel (1134) und Clairvaux (1115). Marienstatt wurde im Jahr 1225 an einer Stelle errichtet, an der laut den „Marienstätter Tafeln" von 1324 mitten im Winter ein Weißdornstrauch blühte. Die Ordenspatronin, Jungfrau Maria, war dem Abt erschienen und hatte ihn auf diesen neuen Klosterstandort hingewiesen. Zur Erinnerung an diese wunderbare Begebenheit nahm die Abtei einen blühenden Weißdornzweig in ihr Wappen auf. Und auch der Name „locus Sanctae Mariae" (Stätte Mariens) führt auf die Erscheinung zurück.

Die Gründung des Klosters hatte jedoch schon einige Jahre früher,

Blick auf das Kloster über die alte Nisterbrücke

nämlich im Jahr 1212 mit einer Güterschenkung des Kölner Burggrafen Eberhard von Aremberg und seiner Gemahlin Adelheid von Molsberg, stattgefunden. Die Schenkung des „Altenklosterhof" nahe Kirburg bestätigte der Trierer Erzbischof Dietrich im Jahr 1215. Da dies jedoch angefochten wurde und die wirtschaftliche Situation schwierig war, beantragte Abt Hermann bereits 1220 die Umsiedlung des Klosters. Am 27. Dezember 1227, dem Fest des Apostels Johannes, siedelte die Gemeinschaft an den heutigen Standort im Nister-Tal um.

Nach dem darauf folgenden Bistumswechsel zum Kölner Erzbischof kam die Abtei zu hoher Blüte. Der Adel wählte das Gotteshaus zur Begräbnisstätte und die Güter der Mönche mehrten sich ebenfalls. Viele Marienstätter Mönche wurden auf diese Weise an Rhein und Mosel ansässig und erhielten Bürgerrechte in Wetzlar und Andernach.

DER BAROCK UND DAS KLOSTER

Zur Klosteranlage gelangt man über ein uralt anmutendes Brückenbauwerk. Mit vier großen Bögen überspannt es das baumumsäumte Flussbett der Nister. Der noch aus dem Mittelalter stammende Brückenkern erhielt 1721 während der Barockzeit, in der auch das Abteigebäude und das Pfortenhaus (1754) neu erbaut wurden, eine Erneuerung.

Von der Brücke führt eine Allee schnurstracks auf die Kirche zu, während sich hinter dem Pfortenhaus die Fläche öffnet und den Blick auf die gesamte Klosteranlage freigibt. Links liegt ein in der Barockzeit neu angelegter Park, der lange Zeit auch als Teil des Klostergartens bewirtschaftet wurde. An ihn schließt sich vor der Kirche der Friedhof an. Eine teilweise noch aus dem Mittelalter stammende Bruchsteinmauer umschließt das Gelände.

Rechts von der Kirche erstreckt sich das im Jahr 1747 neu erbaute Klostergebäude mit dem charakteristischen Mittelpavillon, das den Bau aus dem Mittelalter ersetzt hat. Die Fassade erinnert an einen Schlossbau mit drei Flügeln und einem Ehrenhof. Der südliche Flügel wurde erst im Jahr 1909 angebaut und enthält die nahezu 80.000 Bände zählende Klosterbibliothek.

Im barocken Eichen-Treppenhaus führen zwei Treppen in das obere Stockwerk mit dem Klausurbereich der Mönche. Auf den Eingangspfosten sitzende Löwen empfangen den Besucher. Der eine trägt das Wappenschild des Bernhard von Clairvaux, der andere das Hauswappen Marienstatts mit dem blühenden Weißdornzweig auf blauem Grund.

Von den barocken Räumen sind nur der Tafelsaal und der Kurfürstensaal im Abtsflügel erhalten. Am Eingang zur Kirche befindet sich das stark beschädigte Original der Madonnenfigur aus dem frühen 14. Jahrhundert. Dieses hing bis 1915 über dem Friedhofsportal der Kirche. Dort hängt heute eine Kopie. Den neugotisch umgestalteten Kapitelsaal im Osten des Kreuzgangs zieren Ende des 19. Jahrhunderts verlegte mittelalterliche Tonfliesen aus der Kirche.

Von den Wirtschaftsgebäuden ist lediglich die ehemalige Mühle gegenüber der Klosterpforte erhalten. Sie beherbergt heute die Werkstätten.

VON DER ERZIEHUNGSANSTALT ZUM GYMNASIUM

Nachdem das Kloster in den Koalitionskriegen als Lazarett gedient hatte, mussten es die Mönche im Jahr 1803 verlassen, da der Konvent aufgehoben wurde. Die Gebäude wurden dem Grafen Wilhelm von Nassau-Weilburg zugesprochen und die Kirche wurde zur Pfarrkirche im Besitz des Landes Rheinland-Pfalz, dem Rechtsnachfolger des ab 1866 zu Preußen gehörenden Hauses Nassau-Weilburg.

1864 erwarb Bischof Blum von Limburg die zum Teil verfallenen Klostergebäude und richtete darin eine Erziehungsanstalt für Knaben ein. Im Jahr 1888 kehrten die Zisterzienser zurück und errichteten den Bibliotheksflügel, an den wiederum später das Gymnasium angebaut wurde. Dafür musste jedoch die barocke Anna-Kapelle weichen. Der Schulbetrieb wurde 1910 aufgenommen und das Schulgebäude in den Jahren 1950 bis 1995 umgebaut und erweitert.

Das Schulgelände am Kloster

Kapelle am Klostergarten

Steinbrücke über die Nister

ENERGIE AUS WASSER UND SONNE

„Der Wasserlauf diente im Klosterbereich zur Trinkwasserversorgung, zur Abwasserbeseitigung, zur Bewässerung der Gärten, zur Speisung der Fischteiche und nicht zuletzt zum Betreiben der Korn-, Walk- und Lohmühle“, heißt es in einer alten Beschreibung von W. Schich zur „Wirtschaftstätigkeit der Zisterzienser“. Auch heute noch nutzt das Kloster sowohl die Wasserkraft der Nister als auch die Energie der Sonne.

Bereits 1914/1916 erhielt der mittelalterliche Mühlbachlauf, durch einen etwa 120 Meter langen Stollen im Felsen ein höheres Gefälle. Mit der dadurch bedingten stärkeren Wasserkraft auf den Radschaufeln wurde ein „Dynamo“ zur Stromerzeugung betrieben. Er brachte 110 Volt Gleichstrom bei einem Leistungsvermögen von sechs bis acht kW. Da das Kloster bis 1962 noch nicht an das öffent-

Tief hat sich der Fluss sein Bett gegraben, die steilen Felsen die so entstanden, sind heute ein willkommenes Übungsfeld für Kletterer

liche Netz angeschlossen war, wurde im Jahr 1956 ein weiterer 400 Meter langer Stollen oberhalb des alten Stollen in den Fels gebrochen. Das brachte eine Jahresleistung von durchschnittlich 400.000 kWh. Im Jahr 2002 wurden Turbine und Generator durch eine modernere Anlage ersetzt und damit eine Jahresleistung von bis zu 500.000 kWh erzielt.

Seit 2000 betreibt die Abtei zudem eine Photovoltaikanlage auf dem Dach des „Turbinenhauses“. Deren Daten werden über einen Computer gespeichert und sind auf einer großen Schautafel im Gymnasium ablesbar. Bedingt durch die Tallage in einem Waldgebiet ist zwar die Sonneneinstrahlung nicht optimal, liefert aber etwa 3.000 kWh im Jahr.

Wärme wird in Marienstatt von nur einem einzigen Ofen im zur Energiezentrale umgebauten Turbinenhaus erzeugt. Der wiederum versorgt den gesamten Klosterkomplex mit Gymnasium und Kirche. Dem Nisterwasser wiederum wird mittels Tauschern und Wärmepumpen Wärme entzogen und auf die entsprechende Temperatur zur Erwärmung des Heizwassers gebracht. Die nötige Elektroenergie bietet die Turbine. Im Winter wird aber zusätzlich mit Gas geheizt. Hierbei werden die Abgase genutzt. Sie werden abgekühlt und die zurückgewonnene Wärme wird dann wieder dem Heizungsvorgang zugeführt.

Im Jahr 2004 wurde zusätzlich eine thermische Solaranlage auf dem Dach der Schülerbibliothek errichtet, die jährlich etwa 40.000 kWh zur Aufheizung des Brauchwassers einbringt. Insgesamt werden also 55 Prozent der Energie aus alternativen und regenerativen Energien erzeugt. Im Rahmen des Jahresprogramms wird Besuchern die umweltfreundliche Energieerzeugung demonstriert.

200 JAHRE BAUZEIT

Die Kirche entstand in drei Bauperioden in den Jahren 1222 bis 1425. Die erste Kirchenweihe des frühgotischen Bauwerks fand bereits 1227 statt. Darum gilt die Abteikirche als erste rechtsrheinische gotische Kirche in Deutschland. Im Sinne der Zisterzienser zeichnet sie sich durch schlichte Architekturformen ohne Türme aus und legt gerade dadurch ein Zeugnis über die rheinische Baukunst ab. Die Glocke wurde in einem Dachreiter über der Vierung angebracht.

Der Grundriss der Kirche ist ein lateinisches Kreuz mit dreischiffigem, siebenjochigem Langhaus, zweijochigen Querhausarmen und einem aus einem Joch bestehenden Chor, der von einem Umgang und Kapellenkranz umgeben ist. Die Altarmensa stammt noch aus dem Mittelalter. Ein ziegelroter Innen-Anstrich mildert das durch die nicht bemalten Chorfenster einfallende Licht ab. In den Jahren 1999 bis 2004 wurde die Gesamtsanierung des Bauwerks „Abteikirche" durchgeführt, der die Restaurierung des Kircheninneren folgte. Seit 2007 erstrahlt die Kirche wieder in ihrem mittelalterlichen Erscheinungsbild. So herrschte große Überraschung, als bei den restauratorischen Reinigungsarbeiten im Hochchor eine erhebliche Fülle an farbigen Originalbefunden freigelegt wurden. Alle vom Auge des Betrachters entdeckten Details, Bauteile, Einzelstücke, Architekturelemente oder auch der Gesamteindruck der Kirche, ob nun innen oder außen, spiegeln nun den Zustand wider, wie

er zum Zeitpunkt der Fertigstellung ausgesehen haben muss. Der gesamte Chorraum wirkt hell und lichtdurchflutet. Die zisterziensischen Baumeister hatten ein sicheres Gespür dafür, wie Licht und Schatten, Bauwerk, und Mensch, aber auch Wissen und Glauben miteinander einhergehen – in Harmonie und Einklang. Das päpstliche Wappen über dem Eingangsportal weist darauf hin, dass die Kirche bei ihrem 700-jährigen Jubiläum im Jahre 1927 durch den Heiligen Vater zur „Basilica minor" erhoben wurde.

Die älteste Grabplatte liegt links neben der Tür zum Kreuzgang und stammt aus der ersten Hälfte des 13. Jahrhunderts. Sie erinnert an die erste Stifterin der Abtei, Gräfin Aleydis von Molsberg. Auch das gut erhaltene Hochgrab des Grafen Gerhard von Sayn und seiner Frau Elisabeth von Sierck aus dem 15. Jahrhundert erinnert an einen Förderer der Abtei. Auf einer bemalten steinernen Tumba liegen die beiden lebensgroßen hölzernen Figuren des Paares. Am Kopfende knien zwei Engel. Ein schmiedeeisernes Gitter schließt das Grabmal ab. Seit seiner Restaurierung 1996 steht das Hochgrab im nördlichen Querhaus der Kirche; bis zur Barockzeit hatte es sich im Mittelschiff befunden.

Mit der Grabplatte des Chorherrn Johann Pithan von der Insel Niederwerth († 1516) besitzt Marienstatt eine der ältesten gusseisernen Grabplatten Deutschlands. Die Anfänge dieses kunsthandwerklichen Zweiges lassen sich an den Nahtstellen der einzelnen Teile deutlich erkennen. Die zweite gusseiserne Platte ließ Johann von Selbach († 1563) bereits zu seinen Lebzeiten anfertigen.

Ursularetabel, um 1350

Gut erhaltene Reliefs zeigen auch die beiden Grabsteine des Grafen Johann von Sayn († 1529) und der Gräfin von Sayn, Maria von Limburg († 1525). Aus jüngerer Zeit stammt das Hochgrab rechts vom Eingang zur Kirche. Es ist das Grabmal des 1940 verstorbenen Grafen von Hachenburg, Alexander, Prinz von Sayn-Wittgenstein.

Bereits von 1717/1718 stammen die drei Altäre aus schwarzem und rotem Lahnmarmor an der Südwand der Kirche. Sie sind Werke der zu dieser Zeit bedeutenden Bildhauerschule des „Hadamarer Barock" bei Limburg. Den barocken Beichtstuhl an der Nordseite und im nördlichen Querschiff zieren Rocaille-Schnitzereien in heller Färbung, aufgelegt auf dunklem Untergrund.

Die barocke Dormitoriumstreppe mit ihrem reich verzierten Eisengeländer führt zur Tür des ehemaligen Schlafsaals der Mönche. Darüber ist eine ebenfalls barocke Uhr aus dem Jahr 1750 angebracht.

Dreifaltigkeitsaltar

Die Gebäude der heutigen Brauerei und des Gasthofes um 1930

BIERBRAUEN – EINE ALTE KLOSTERTRADITION

Noch bevor man zum Klostergebäude gelangt, kommt man an einer Gaststätte vorbei. Die wurde im Jahr 2004 zum klostereigenen Brauhaus umgebaut. Damit knüpft das Kloster an die eigene Geschichte an. Denn eine Klosterbrauerei hatte es bereits weit vor der Säkularisation und zuletzt von 1899 bis 1909 in Marienstatt gegeben.

Die Kroppacher Schweiz – eine Perle im Nistertal

Zu den schönsten Gegenden im Westerwald gehört unstrittig die Kroppacher Schweiz. Stille Talwinkel, anmutige Dörfchen, hochwaldbedeckte Höhenrücken und steile Hänge bilden den Hochgebirgscharakter dieses wundervollen Landstrichs. Von der altehrwürdigen Zisterzienserabtei Marienstatt an abwärts führen verschiedene Wanderwege vorbei an grasenden Rindern durch diese urwüchsige und teilweise völlig unberührt scheinende Landschaft an der unteren Nister.

Alte Linde in Wingert

Blick von Kroppach über die Hügel und Täler der Kroppacher Schweiz

Weltverlassene Täler und ursprüngliche Furten führen den Wanderer durch die wildromantische Stille der Schweiz mitten im Westerwald.

Schluchtartig liegt hier das enge Nistertal. Kaum ein Flusspfad führt über die Große Nister und man muss ihrem Lauf folgen, um an ihren Rand oder zu einem Felsgrund zu gelangen. Während zu früheren Zeiten die Einheimischen auf Stelzen durchs Wasser gingen oder ihr Vieh einfach hindurch trieben, nutzen Wanderer heute Stege und Tritt-Steinreihen, die durch flache Wasser führen, um das andere Ufer der Nister zu erreichen.

Vergissmeinnicht und Ehrenpreis wuchern hier und blaue Libellen schwirren über dem plätschernden Wasser. Die recht breite Nister entspringt im hohen Westerwald zwischen Salzburger Kopf und Fuchskaute. Aber sie hat auch noch einige Schwestern. So die Schwarze Nister, die vom Kühlfelder Stein kommt und bei Langenbach mündet, die Hor- oder Sumpfnister, die bei Hirtscheid hinzukommt, und die Kleine Nister, die sich bei Heimborn mit der großen Schwester vereint.

Im Verlauf des Flusses wird sein Tal immer wilder, ebenso wie die Berge, in die das Wasser im Verlauf von Jahrmillionen sein Bett geschnitten hat. Kleine Dörfchen reihen sich aneinander, so Alhausen und Stein-Wingert mit wunderschönen alten Westerwälder Fachwerkhäusern. Am Alhäuser Mieshardt erhebt sich ein gewaltiger Fels, zu dessen Füßen die Nister rauscht. Geht man durch den Wald, gelangt man zum „Hahnenkopf", von dem man einen wunderschönen Blick über diese Landschaft bis zum Hachenburger Schloss hat. Als dicker Felsenkegel erhebt sich die „Wompelslei" weit über das Tal. Schöne Ausblicke auf den Flusslauf bieten auch der „Borlei" und der „Spitzlei".

Zwischen schroffen Felswänden, die manch einem Abenteuerlustigen zum Klettern dienen, geht es auf Wegen, die teilweise nicht als solche zu erkennen sind, durch wildromantische Täler. Hier führt ein Felsenpfad am Abhang entlang, dort weitet sich eine Wiese, öffnen sich Lichtungen. Die Wege führen durch wildromantische Täler und über herrliche Anhöhen.

Steinbrücke in Stein-Wingert

Und inmitten der Naturwildnis mündet die Kleine Nister in ihre große Schwester.

Aus dem Flusstal geht es bergan zum Dorf auf der Höhe – Kroppach. Kroppach bildet das Tor zu dem Landschaftsschutzgebiet Kroppacher Schweiz. Sein Wahrzeichen ist die alte Kirche. Ihre Eingänge sind an allen Seiten jeweils rechts und links von Buchsbüschen bestanden. Dies, so heißt es, soll verhindern, dass der Teufel hineinkommt, denn der geht nicht am Buchs vorbei. Zusammen mit einer uralten Linde ist die Kirche ein ehrwürdiges Denkmal aus alter Zeit.

Bei Stein-Wingert neben der Furt ein ungewohnter Weg, den Fluss zu überqueren

Nistertal zwischen Idelberg und Stein-Wingert

Abtei Marienthal auf einer Postkarte um 1910

DER MARIENWANDERWEG

Gleich zwei Klöster finden sich im Nistertal: die Abtei Marienstatt und die Abtei Marienthal. Während das erste eine Reihe von Attraktionen bietet, liegt das zweite eher verträumt in einem Tal und wird vom Erzbistum als Akademie genutzt. Zwischen beiden Klöstern pilgerten über Jahrhunderte die Wallfahrer zu den Orten der Marienverehrung. Eine reizvolle Tageswanderung (circa fünf Stunden) kann man sowohl am einen wie am anderen Kloster beginnen. Markiert sind die Wege auf der östlichen Strecke mit „K", auf der westlichen Strecke mit „I".

Der Weg vom Kloster Marienthal beginnend führt über den Ort „Drei Dörfer" und Idelberg nach Alhausen. Dort überquert man eine wunderschöne alte Bogenbrücke und erblickt von hier schon den nächsten Punkt der Wanderung: die „Spitze Ley".

Fachwerkensemble in Stein-Wingert – ein Dorf das sich seinen ursprünglichen Charme erhalten hat

Der Anstieg mag anstrengend sein, aber er lohnt sich. Von diesem schönen Aussichtspunkt über Stein-Wingert hat man einen prächtigen Blick auf die Nister und den Zusammenfluss der Kleinen mit der Großen Nister. Die windungsreiche Wanderung führt, weiter der Markierung „I" folgend, über einen schmalen Holzsteg. Hier kann man einen Abstecher nach Heimborn machen, wo es schöne Einkehrmöglichkeiten gibt.

Um auf die Hohe Ley zu gelangen folgt man der Markierung „I". Hier gibt es einen bergbauhistorischen Lehrpfad und das Besucherbergwerk Dachschiefergrube „Assberg". Macht man einen Abstecher nach Limbach an der Kleinen Nister, entdeckt man auch einen dorfökologischen Lehrpfad. In Streithausen wird man von der Abtei Marienstatt empfangen. Das Brauhaus der Abtei bietet eine angenehme Einkehrmöglichkeit. Die Gesamtstrecke von Kloster Marienthal bis Kloster Marienstatt beläuft sich auf 22,7 Kilometer.

Zurück gelangt man auf dem Rundwanderweg „S 1" bis Müschenbach, von dort zum DB-Halt Hattert. Von dort kann man zurück fahren oder aber man stellt zuvor an jedem der beiden Klöster jeweils ein Fahrzeug ab, damit man den Weg nicht zweimal laufen muss.

Fast versteckt liegt im Nistertal das Dorf Stein-Wingert

DER MÜHLENWANDERWEG

Diese Rund-Wanderstrecke führt über knapp 17,5 km (etwa vier Stunden) in Limbach beginnend zunächst auf einem Wanderweg in Richtung Heuningshöhlenweg zur Lützelauer Mühle. Diese Mühle ist noch in Betrieb und erzeugt Strom über eine Turbine. In Lützelau auf der Kreisstraße kurz links, dann rechts in den Wald, auf dem gegenüberliegenden Ufer der Kleinen Nister. Später zum Zusammenfluss der Großen und Kleinen Nister.

Nach Überqueren zunächst der Kleinen, dann der Großen Nister folgt man den Wegen zur Heimborner Brücke. Hier findet man links mit dem alten Mühlengraben noch Reste des ehemaligen Heidenmühlchens.

Von der Idelberger Mühle findet man heute nur noch die Mühlsteine, Postkarte um 1910

Die Mühle in Stein-Wingert

Die Lützelau Mühle, Postkarte um 1920
Heute versteckt sich der Hof hinter hohen Bäumen

Nisterbrücke in Limbach

Nach Überquerung der Kreisstraße geht es auf dem Wanderweg in Richtung Ehrlich. Durch die Ortschaft führt der Weg weiter zur Landesstraße. Der untere alte Gasthof war früher eine Sägemühle, allerdings mit Dampfantrieb. Über diesen Weg erreicht man den Aussichtspunkt „Spitze Ley“. Der Weg führt dann abwärts in Richtung Stein-Wingert.

In Stein biegt man rechts ab zur Alten Mühle, wo es noch ein richtiges Wasserrad zu besichtigen gibt. Von Stein kann man noch über weitere Wanderwege zu der bei Flögert gelegenen Helmerother Mühle wandern oder zu den rekonstruierten Wällen der Keltischen Fliehburg. Dies bedeutet allerdings zusätzlich etwa sechs Kilometer Wanderweg: Und dies besonders reizvoll über den neuen „Naturpfad Weltende“ (etwa acht Kilometer) bei Alhausen.

Von der Stein-Wingerter Mühle führt die Wanderstrecke durch den Ort Stein-Wingert über die Nisterbrücke vorbei am Gasthof und über einen Weg nach rechts, auf einen schmalen Pfad abbiegend, in Richtung Idelberg. Hier liegen an einem kleinen Nebenbach der Nister die Ruine einer ehemaligen Ölmühle sowie zwei Mühlsteine.

Der gleiche Weg zurück führt bis zur Ortslage Wingert und dann über einen Wanderweg vorbei am ehemaligen Hof Lauterbach und an alten Köhlerplätzen bis zur Brücke Heimborn und dort durch den Ort (Gasthof). Oben im Ort führt ein steiler Weg hinab zum Zusammenfluss der Großen und Kleinen Nister. Hier folgt man zunächst dem Weg, überquert dann die Große Nister auf dem Betonsteg und findet am Parkplatz den Standort der ehemaligen Danielsmühle.

Auf der Kreisstraße geht es hinauf in den Ort Heuzert und in der Ortsmitte hinab zur Heuzerter Mühle, die heute noch Strom erzeugt. Die Wanderstrecke führt dann den Mühlengraben entlang bis zum geteerten Weg rechts abbiegend und auf der Höhe wieder links dem Wirtschaftsweg folgend entlang der ehemaligen Walkmühle.

Nach Überqueren des Steges sieht man den Mühlengraben der ehemaligen Haslochmühle. Entlang der Nister biegt dieser Weg auf dem höchsten Punkt nach rechts in Richtung Astert ab, links geht es hoch über den Feldweg zur Kreisstraße.

Auf der Kreuzung geht man zunächst kurz in Richtung Limbach und biegt dann ab auf den Weg zur „Hohen Ley“. Nach einem kurzen Abstecher dort geht es weiter, auf dem Weg in Richtung Limbach, zu einer über 500 Jahre alten Schiefergrube, die inzwischen freigelegt wurde. Wenn man hineingeht, schaltet sich die Beleuchtung automatisch ein.

Vor der Schiefergrube führt ein Wirtschaftsweg über den Asberg (Rastplatz, Schutzhütte) hinab nach Limbach. Hier weist auch der Gasthof „Limbacher Mühle“ auf eine ehemalige Mühle hin.

Genauere Infos zu den Themen des Buches und zu weiteren Wanderwegen gibt es bei der Tourist-Information, Perlengasse 2, 57627 Hachenburg, Tel. 02662/801117, E-Mail: hachenburg@westerwald.info,

www.hachenburg-vg.de

HÜGELTÄLER
Wanderungen durch Landschaft und Geschichte im Puderbacher Land
ISBN.: 978-3-936256-18-5
Preis: 21,00 Euro

KREUZ UND QUER DURCH SIEGBURG
Neunmal zu Fuß oder mit dem Fahrrad die Stadt entdecken
ISBN: 978-3-936256-17-8
Preis: 16,00 Euro

BLATT WELT

.... ERSCHIENEN BEI

EDITION BLATTWELT

ZU BEZIEHEN IM BUCHHANDEL ODER BEIM VERLAG

REINHARD ZADO
HAUPTSTRASSE 22
56316 NIEDERHOFEN
TEL.: 02684 4551
FAX: 02684 6592

BESTELLEN BEI:
WWW.BLATTWELT.DE
RZADO@RZ-ONLINE.DE
oder bei WWW.AMAZON.DE

HENNEF – STADT DER 100 DÖRFER
Zehn Wege, die Stadt zu entdecken
ISBN: 978-3-936256-26-0
Preis: 16,00 Euro

OBEN AUF DEM BERG
Die Geschichte der Abtei und des Michaelsberges
ISBN: 978-3-936256-31-4
Preis: 16,00 Euro

RHEINSTEIG

BURGEN, REBEN, STEINE

In dem Bildband wird die Landschaft rechts des Rheins zwischen Bonn und Bendorf beschrieben, mit vielen historischen und neuen Abbildungen des Rheintals. Und dies mit Sicht auf den Rheinsteig, der Premium-Wanderstrecke.

288 SEITEN
IN FARBE,
FADENHEFTUNG,
17 x 24 cm,
MIT FESTEM
BUCHDECKEL,

19,50 €

ISBN: 978-3-936256-27-7